Nelson Antonio
Barrios Piñero

De reflexiones a quimeras
(Antología)

De reflexiones a quimeras (Antología)
© Nelson Antonio Barrios Piñero
© Editorial Giraluna
Primera edición: 2022
Derechos Reservados

Edición al cuidado de:
Rey D' Linares
reydlinares69@gmail.com

Diseño de la portada:
Carolina Linares
artesgraficas20042009@gmail.com

Publicado en Venezuela por:
Editorial Giraluna Latinoamericana
J-29614384-6
editorialgiraluna2008@gmail.com
Teléfono: (+58) 0212-524.25.33
www.editorialgiralunala.blogspot.com

Depósito Legal: DC2022000738
ISBN: 979-883-514-097-8

Comercializado por:
Amazon.com

A MANERA DE PRÓLOGO

Esta obra, ha sido producto de la devoción por la lectura y escritura y, en este caso, sobre el sentimiento sublime más inspirativo de su autor y que ha movido al mundo en todas las épocas de la humanidad.

En cada uno de sus poemas reseña la ternura que produce el amor, partiendo de la concepción que tenemos de que Dios es amor. Se traslada hacia las diferentes fases y formas de expresarlo. Si, en cada poema el escritor se transforma, se convierte en un pintor, quien embellece las palabras en pinceladas de colores que fascinan al numen, así como también a los lectores.

Este es un libro de fácil lectura, permite que el lector se identifique con ese sentimiento del amor y de la ausencia de él, porque quien haya amado verdaderamente, también se ha desilusionado, ha sufrido...

Desde la mirada del amor, este sentimiento gravitará en un ambiente de fragancias excelsas, de tonalidades suaves y delicados matices de colores, pero también plena de concupiscencia que guían al lector hacia el principio y fin de la humanidad, el amarse los unos a los otros.

Macrina Ramírez Guerra
Miembro de la Asociación de Escritores del Estado Lara
(ASELA)

En medio de estos escritor se yergue de nuevo este inquieto poeta con sus evidencias articuladas entre palabras que hilvana con cuidadosa maestría para dar a la humanidad su segundo tesoro, prosado con espontaneidad y transparencia, agua cristalina que brota del infinito manantial para nutrir a las almas buenas que andan por allí, sedientas, buscando alimento para la sobrevivencia, en la desesperación y la incertidumbre y... Aquí lo tenemos, dicho aliento se ha materializado y usted amigo lector, lo tiene en sus manos, pone al descubierto la sensibilidad y la osadía, la ternura y la franqueza, la ingenuidad y el atrevimiento de Nelson Barrios, para que dispongan de este contenido, el cual, indubitablemente, llena el vacío creado por el pragmatismo salvaje y ciego que avanza indetenible, cual tanque de guerra en la actualidad, llevándose por delante todo, hasta la incipiente flor que parece expresar: "aquí estoy", "mírame", "tómame", "llévame", "no me arrolles", "soy tu alimento espiritual".

Toca a usted, amigo lector, "enjuiciar", ordenar esto, se lo impone la madre naturaleza, cuando cada mañana le envía un mensaje a su ventana a través del trinar de algún pajarito para que, al inicio de la aurora y al despedir la noche como expresa Nelson Barrios, podamos nutrirnos como el viejo árbol araguaney con la savia elaborada al natural, sin traumas, ni presiones. Derrotar al monstruo destructor de lo humano con amor, con la ternura del pétalo de la flor que usted comenzó a tocar al colocar su energía a través de sus dedos que sostienen esta primera página del libro del indagante poeta: Nelson Barrios.

Profesor: Alicio Silva
Barquisimeto

Como el buen vino, esta antología recoge lo más selecto de la obra poética del Nelson Barrios, un poeta que ama la poesía como a la tierra, y que ha descubierto el misterio de sembrar la buena semilla y recoger un excelente fruto, de tomar un aliento de inspiración y transformarlo en un exquisito poema, que en su estilo reflexivo, nos deje un mensaje, una enseñanza o el inicio de una nueva reflexión que nos terminemos encontrarnos con nosotros mismos.

En el periodismo de opinión y la producción radial, a la que se ha dedicado gran parte de su vida, ha encontrado su otra pasión y ello lo preparó para que sus poemas tengan una profundidad intelectual, cargada de la realidad social de su país. Y una vida llena de esfuerzos y amor lo han llevado a encontrarse en un momento crucial en la vida, en la que nos detenemos a sacar la cuenta de lo vivido, a mirar lo recorrido y a presentar ante la vida misma, los logros más significativos, en poesía, la recopilación de su mejor trabajo, reunido en esta antología, que sin lugar a dudas marca el fin de un ciclo y el inicio de nuevos proyectos y una nueva visión de vida.

Quienes hemos tenido el privilegio de disfrutar de la lectura de sus libros publicados, damos fe de la excelente pieza poética que en conjunto significan, el trabajo de la vida de un poeta, que pretende dejar un mensaje para que todos lo lean, y que el mensaje termine siendo esperanzador. Porque a pesar de todo, la poesía vive, y nos hace libres.

Rey D´ Linares
Poeta, Educador, Editor

REFLEXIONES EN MOMENTOS QUE INSPIRAN

TESTIMONIO

Acompaño al silencio y escribo
transito lo imaginado y lo real
experiencias que en instante vivo
y otras nacidas de mi eterno soñar.

Atrapo la musa que viaja al olvido
y en palabras escritas la quiero dejar
verbos accionan lo mundano y lo divino
en momentos que inspiran y he visto pasar.

Le temo a presagios de andar en el limbo
y al futuro incierto que no ha de llegar
testimonio guardo en las cosas que digo
para aquellos que heredan lo que he de legar.

SOLIDARIDAD

Valor de la esencia humana
con prevalencia en el ser.
dilección en lo bueno y en lo malo,
lo que ha de suceder.
Manos aprietan, abrazos emanan,
incomparable poder
aliento de angustia, heridas que sanan
sin mirar a quien.
Designio de amor de extensa mirada,
sin clase social que no la reclama.

NOCHE

Al llegar la noche
desvelan los ruidos del silencio
la mente viaja cual fantasma
oramos en la calma
y realizamos en los sueños.

Bajamos la luna y las estrellas
enviamos mensajes con el viento
caminamos los proyectos
y guardamos la hora buena.

Nacen canciones y poesías
se unen los cuerpos en frenesí
embriaga la madrugada sin fin
y otros deambulan en fantasías.

ORACIÓN

Fuente de luz que junto al rocío
despliegas en colores
brisa fresca que abres el alba
desde el horizonte
olor a tierra mojada
que se fusiona con el perfume de las flores
colmen mi espíritu
con la bendición de sus creaciones
para vivir impresionado
de un ciclo que no se rompe.

LLUVIA

Evitando se fuguen con el viento
se mojan las hojas secas deteniendo su vuelo.
Alegres los ríos en sus nacientes
celebran con sus riachuelos.
Olor peculiar cuando se moja el suelo
y se riega la semilla que espera en el huerto.
Bendita seas junto a la luz con tus advientos,
aunque un diluvio nos traiga tormentos.

EN MIS SENTIDOS

Mis ojos te dibujan
y proyectan con relieve
en cada cosa que miro.
Esculpo tu cuerpo
con trazos de caricias imaginada
respiro profundo
en los jazmines de tu piel y suspiro
mis oídos graban
el susurro de tu voz cuando me hablas
y por la savia de tu boca
mi boca se hace agua.

EN LOS SUEÑOS

Ámame en los sueños
y no seré para ti algo inalcanzable.
aunque parezca un suelo irrealizable,
en sueños viajaremos juntos a lo lejos.

Ámame en los sueños
y no seré un amor prohibido
recorreremos los ansiados caminos
sin enfrentarnos a ningún duelo.

Ámame en tus sueños
ellos son una oportunidad para amarnos
en ellos siempre encontramos
una forma escondida de tenernos.

TU PRESENCIA

Que tiene tu sonrisa
que abrillanta mis pupilas
ahoga mis palabras en saliva
y a mi pulso le da prisa.

Mi mirada descubre tu cuerpo
y viajan su albedrío las ideas
detenido quedo en la odisea
y un calor me quema por dentro.

Un fuerte rocío sobre mi cabeza cae
y mis manos se cruzan de inquietud.
en esa picardía que irradias tú
son tus reojos los que me atraen.

ENTRE CANTOS DE AMANECERES
Y
MIS AMORÍOS

AMANECER

Amanece y ya es tarde
Hace rato el día comenzó,
sólo que ahora brilla el sol, y
su luz logró despertarme.
Los pájaros lo han entendido y
desde la aurora,
iniciaron la algarabía con su trinar.
Toman de la hojas el rocío, y
frutos maduros salen a buscar.
Despiertan junto a los gallos, y
parecieran la vida celebrar.
Se unen al encanto de las mañanas, y
su alegría me logran contagiar.
Confían en la gracia de Dios, y
la salen a buscar.
Porque cada amanecer
en que logramos estar
será una bendición.

NACER CADA DÍA

En la fusión de la noche
y los primeros asomos claros del día,
he nacido de nuevo.
El sol con sus reflejos
me despierta sin el menor ruido.
La tierra cumple su giro
y la luna recibe su relevo.
Su luz milagrosa con su calor abre las flores
Las aves lo reciben y lo despiden
con disonante bravura
al verlo en los arreboles y reflejado en la luna.
Ahora me señala el horizonte
-infinita proyección del pensamiento-
con asidero allá a lo lejos.
Horizonte que veo al despertar el día
y al acercarse la noche.
Quisiera hoy
desde la maravilla de estar aquí
y con el propósito de ser felices,
miremos todos el horizonte.
Vivamos esperados momentos
con el pecho henchido de contentos.

LA MARAVILLA DEL AMANECER

Grandiosa energía del universo
impregnada de la gracia divina
Cómo no estar despierto a esta hora
para contemplar tu maravilla:
en esa tenue luz del amanecer,
en el reloj de las aves cantoras,
en el rocío que en las hojas se posa, y
en el colorido florecer de las rosas.
Sentir al tiempo correr
apurándonos la vida,
para ver la noche enseguida,
en la llegada del ayer.
Pero vuelve el hoy
Un hoy como el de ahora
Para seguir la gran obra
que es la vida sin demora.

MOMENTOS

Porque llegan momentos
en que los momentos perturban
Momentos que ven pasar el tiempo
dejando un tiempo atrás
Momentos de ayer
en el momento de hoy
Una presencia a valorar
en cada despertar
Momentos de querer vivir
para no morir viviendo
Tal vez sea tarde,
aunque nunca es tarde,
volver es un momento que se sueña hoy
un hoy para tener
lo que se quiere del ayer.

ESTAS EN MÍ

No estás a mi lado
y sin embargo,
amaneces en mí.
Estás en el recuerdo
de los días pasados.
Estás en el amor que llevo adentro,
en la pasión que me haces sentir,
en mi alegría de vivir,
en todo lo que en el camino encuentro.
Estás en todos mis tiempos.

PRESAGIO

Hoy desperté varias veces
entre el desvelo de un sueño perturbado.
Mi cuerpo acalorado
con inquietos movimientos,
sediento de tu cuerpo
que no estuvo a mi lado.
Del amor la preeminencia
que hemos sabido dar.
Ahora toca interpretar
los sueños de impaciencia.
Que me falte tu presencia
en una noche extasiada
hace transcurrir la alborada
con presagios que despiertan.
Un adiós desde tus labios,
por imprevistas circunstancias,
se llevaría las ansias mías,
en las noches y los días,
de mis desvelos solitarios.

EN TU CUMPLEAÑOS

Hoy quiero compartir
la alegría de vivir.
Ver llegar el amanecer
y estar aquí,
en el milagro de la existencia.
Medir el tiempo en años
del paraíso terrenal.
Aquí todo lo encontramos
y podemos soñar.
En el libre albedrío
escoger el camino.
Y como el agua del rio
transitar el destino.
Mirando hoy tu balance de vida,
viendo a la niña crecida.
La gracia de Dios convertida en mujer
Esa flor en el vergel
que alguien plantó
y hoy luce orgullosa en el ramo.
A esa linda flor
que quisiera tomar,
le vengo a desear,
un feliz cumpleaños.

SI VOLVIERA A NACER

No quisiera morir
si no he de nacer de nuevo.
Volver a nacer yo quiero
para volver a vivir.
Solo he llegado a existir
aprendiendo de los tiempos
y ahora, en este momento,
los quiero revivir.
Volver a ser un niño
pero sin tanta inocencia
Un adulto sin sapiencia
sin creer en el destino.
Quisiera la juventud
y volverme a enamorar.
Sentir lo que es el amor
de la joven inquietud.
Hoy que me siento realizado
quiero un poco de ese ayer
con todo su florecer
que ahora estoy recordando.
En el momento que me encuentro hoy
tengo sentimientos encontrados:
feliz porque hasta aquí he llegado
y triste si pronto me voy.

LEJANA POSIBILIDAD

No esperaba sufrir por un amor
que surgió de lo casual.
Pero sucedió,
porque lo quise dar.
Sabía que no era para mí
y sin embargo,
su fuerza pudo más.
Ahora me enferma la obsesión
porque no son sus sueños mis sueños
y sin embargo,
la tengo en ellos.

HOY VI TUS OJOS TRISTES

Al regresar,
quiero ver tus ojos bañados de luz
y de picaresca persuasión.
Volver a disfrutar tus formas
que avivan mi pasión.
Quiero darte nuevamente
el calor de mis manos,
mi acelerado respirar
y el prístino sentimiento
que guarda mi corazón.
Quiero verte y sentirte recuperada
en el ánimo de ser amada
Para que me ofrezcas todas tus delicias
hasta empalagarme de tu sabor.
Yo de tu amor, tu de mi amor.

LLORA

Si tienes que llorar, llora, es tu llanto
En el soltarás tus amarras
El llanto es tristeza y también es alegría;
es dolor y algarabía.
Es el inevitable sentimiento del alma.

Suelta tu llanto al igual que tu risa
Lava con tus ojos tu rostro
en el manantial de tu agua bendita, y
verás en la claridad que da,
una distancia infinita
que no te ofrece la oscuridad.

Llora y celebra tus lágrimas
Llorasteis al llegar y aquí estás, y
tal vez te regalen lágrimas si te vas.
Las lágrimas también son palabras.

EN SU ANDAR

Andar de caminos
sorteando tempestades
Del infortunio los sueños
del privilegio un despertar
Abriendo horizontes
se abrió un arco iris
para entender la luz:
luz de las tinieblas,
luz de libertad.
Se cruzan destellos
y relámpagos en delirio.
Surge un grito glorioso
donde viajó una promesa
Es el juramento sagrado:
"no habrá reposo a mi alma
ni descanso a mis brazos"
Lo juró, por la libertad de América.

REFLEXIONES EN EL AMOR Y EL DESAMOR

DISFUNCIONAL

Disfuncional es este amor
y no por eso perdido.
Disfuncional estar juntos
desafío de lo prohibido.

La vida con sus carencias
que deja unir el todo
para no dejar el todo unido,
marca la diferencia.

Distintos los propósitos
y el principal objetivo
para así marcar
los distintos caminos.

Tu vas por la derecha
y yo voy por la izquierda
y en la redondez del planeta
nuestros cuerpos se encuentran.

La historia se cuenta
cargada en facetas
se llenan vacios, y
se complementan.

BUSCÁNDOTE EN MÍ

Tu presencia me desnuda,
me revive, me intimida, me doblega
y en el equilibrio buscado
termino en el suelo desplomado.
Que energía tienes
que cuando ya no creo, llego a creer
y cuando mis años deben pesar
busco las nubes, con ansias de volar.
Una luz que me regresa a mi primera luz
con ganas de volver a empezar
y siento que esa luz, viene de ti.
Una necesidad de acompañarte
aleja de mi el recorrido que dejo atrás
para correrle a la soledad
que quisiera alcanzarme.
Por eso me busco en ti dentro de mí
para alcanzarte.
Hacer que te quedes en cada instante,
en que mi ser te busca.

AQUÍ Y ASÍ

Aquí estoy:
Para contemplar a lo lejos
lo que una vez tuve tan cerca.

Aquí me encuentro:
sacándole cuentas a la vida

Así me siento
con la llama encendida
pidiéndole una prórroga al tiempo.

Así me veo:
Más cerca de cumplir mi periplo.

ELLA Y LA FELICIDAD

Y mientras tanto por acá,
yo sigo envuelto en quimeras
creyendo que pronto vendrá.

No se siquiera, si en verdad,
será ella la que impera,
cuando se trata de encontrar,
una verdad verdadera,
entre amor y felicidad.

Si todo sigue su curso,
aunque otras cosas mueran,
entonces, por qué detenerme
a esperarla sólo ella.

CUANDO TE COMPARO

Eres la salida del sol en cada amanecer
Un encanto de arreboles buscando la colina
anunciando el anochecer.
Eres esa lluvia que refresca la tierra,
baña los mares, transita los ríos
y reposa en las lagunas.
Eres los efectos de fases de luna,
la estrella que en la noche brilla,
la luz que nos da vida.
Eres, la gracia divina de una diosa,
el universo en su majestuosidad.
El árbol que crece, la flor que se abre,
la semilla que germina, el fruto que nace.
Lo eres, tal cual, maravillosa.

EL REVIVIR

Lo que se ha tenido no es tan deseado
como lo que se anhela.
¿Será cuestión de rutina?
El despertar de una ilusión, limpia las cenizas
y purifica el aire que llega al pulmón
y sana al corazón.
¿Será energía de renovación?
Agradar la mirada y producir sensación,
estimula el metabolismo para la regeneración.
¿Capacidad de impresión?
Pedirle continuidad a la vida para vivirla mejor,
es aprendizaje hecho valor.
Suspirar ante la divina tentación,
suplicando en clamor,
son los deseos de revivir
en la sensación.
¿Química cerebral?

UN AMOR QUE TRASCIENDE

Me dices que sueños
te llevan a otra vida,
de tiempos lejanos
donde no existías.
Y en ese tormento inquieto
que es el sueño, ya me miras.
Otra época, otros tiempos,
sin estar vivos como ahora, y
juntos vivíamos.
Y me cuentas:
Que estamos destinados
a encontrarnos en cada era;
que se moría y revivía.
Que éramos tan iguales
como hoy en día.
Que nos hemos amado
hasta en sueños, desde otra vida.

PERPLEJIDAD

Se nos escapa el tiempo del ser
en la perplejidad de un instante que se alarga.
Sensaciones de un desvanecer
donde ya no hay ayer en el hoy
ni hoy para el mañana.
Ya no es lo mismo…
En los hechos que se alargan
o adelantan
en las cosas que se encuentran
o se pierden.
Suceden, más no se entienden:
Lo placentero aborrece
Lo esperado no llega
Se pierden las fuerzas
Tiembla el planeta.
No bastan las pruebas
Si lo quieres, se aleja
Las tentaciones llegan
Lo libre se apresa.
El mal nos persigue
Ser feliz nos cuesta
Y ante todo eso…
La vida se aferra
Otros seres esperan.

PERTURBACIÓN

Vuelve el recuerdo a tenerte
entre ceja y ceja.
Mi fuerza interior se debilita
ante una fuerza externa.
Mi ser perturbado sale a buscarte
con esperanza apenas.
Mi corazón late apresurado
creyendo estás cerca.
Luego cae en la calma
de un reloj de arenas.
Busco pensar con la mente serena;
no quiero divagar ni perderme en la espera.
Y porque sé que lo deseado
en cualquier momento llega;
me ciño al pensamiento que atrae
lo que uno quiera.

TAL VEZ

Tal vez los timbales de mis oídos
ya no musicalicen tu voz;
pero es imagen imborrable
que trasciende el amor.
Tal vez no vuelva a esperar
un abrazo entre tú y yo;
pero nunca fue tan claro el sol,
como en aquel abrazo envuelto en sudor.
No podrás esconderme tu imagen
que mi ser ya grabó;
y es voz, aliento, sudor...
y es mi propia creación.
Tal vez no vuelva a darse un momento de dos;
Como aquellos que transcurren
en mi vaga ilusión...
y en la espera del tiempo
de alguna ocasión..
Qué bueno que he sido
un ser soñador;
para sentir en el silencio
lo que de mí se apartó.
Y qué bueno que vivo
en el tiempo de hoy
para contar que he vivido
lo que nunca ocurrió

TIEMPO DE ESPERA

Cuándo la vuelva a ver le contaré
que en un momento pensé
nunca volver a verla.
En ese momento me revisé
y ausculté para saber por qué:
del mover de su vaivén y
los reflejos coloridos de su andar,
lo que nos hizo enamorar,
lo que nos hace cambiar, emigrar y buscar
los recónditos de nunca encontrar;
la inconformidad de una tregua,
el vaciar lo que nos llena, y
derramar ilusiones en tierra ajena.;
la negación de una pena,
el ocultar las estrellas,
el apagar de una vela, y
no poder entender un poema.
Le diré de mi esfuerzo por entenderla
Cuando decía: tú sólo espera
Y yo respondía: que tiempo queda

VUELA EL PENSAMIENTO

Amor, pienso en ti
y me paseo por los recuerdos
sin explicarme siquiera
ésta apología del amor
que hizo del presagio
una visión en el tiempo,
para recorrerlo en los hechos,
que se suceden
al perseguir la ilusión;
y encontrarme, en estos momentos,
surcando el trayecto
en busca de error.
Por eso,
ahora que en ti pienso,
ni te encuentro ni me encuentro
para el presagio de entonces
que debiera ser hoy.

QUIMERAS

ME RESISTO

Aún en el camino de la vida
Me resisto a la gravedad
Me resisto al viento
Me resisto al sueño
Me resisto al deseo
Me resisto a toda fuerza contraria
en mi andar.
Busco los caminos
Forjo un destino
Me resisto a declinar
Sin regresar
Aunque debo tropezar
Siento tan cerca la meta
No hay mucho tiempo,
debo apurar.
Siguen mi estela
Llevo mi sombra
Me piden mi espacio,
para acampar.

SEÑAL EN LA NADA

Hay señales en el cielo
Hay señales en la tierra
Señales que alertan
Señales que despiertan.

Hay señales en lo extraño
de un comportamiento.

Hay señales en el viento
Señales en la luna
Señales en la bruma
Señales de un adviento.

Señales que indican:
Que algo está naciendo
Que algo está creciendo
Que algo está enfermo
Que algo está muriendo.

Hay señales en el cuerpo
que vienen de lo interno.
Como el enamoramiento
envuelto en sus rodeos.

Hay señal en el gesto
que cambia a la palabra.
Señal en los sonidos, la luz y los objetos.
También hay señal...señal en la nada.

POR SI NO TE VUELVO A VER

La vida nos cambió de repente.
Hay poco ruido en la tierra,
es verano en primavera.
Se alarga el tiempo de verte.
Sin plantearme una ida,
sin presagiar un regreso.
Limitado al toque del viento,
se nos encierra la vida.
Me consumo ahora por dentro,
y expulso los miedos afuera.
Los instintos se me frenan,
que hasta a las flores temo.
Hay una espera en el tiempo,
y lo que ha de suceder.
Caminos sin recorrer,
que puedan llevar a vernos.
Por senderos separados andamos,
sin consuelo para el último aliento.
Se atrofian mis pensamientos,
por todo lo que ha pasado.
En atención a sus designios,
 nos jugamos hoy la vida.
La esperanza no estará perdida,
si escuchamos lo divino.
Y si fuera el fin de los tiempos
En la espera de un renacer
aquí te dejo mis versos
por si no te vuelvo a ver.

LO ACTUAL

El silencio y lo invisible,
cómplices de lo que ocurre y esté por ocurrir.
Juegan a la causalidad
y desde cualquier lugar,
 hasta desde el más allá,
preparan los hechos que no suceden por casualidad.
Ocurre todo por algo y para algo.
Los hechos se vienen dando
formando instantes al devenir.
Energías confluyentes que chocan,
generando fuerzas que se repelen,
se atraen o se dispersan para un hecho eventual.
Son procesos que deben darse
para lo que ha de pasar.
Forman lo actual,
 vienen de atrás para adelante.

TIEMPO

Futuro indefinido
es presente sin alcance

Mañana será pasado
el nuevo amanecer

Llegan nuevos días
que al futuro restarán.

Suman a la vida
los momentos por guardar.

Si fueran bellos recuerdos
tendrán divinidad.

Es el tiempo que se lleva
y se llega a contar.

Porque los hechos que han pasado
un efecto traerán

Y las cosas que hoy sucedan
al mañana aportarán.

OTRA NOCHE

La noche invita a dormir
y no quiero
No quiero dormitar el pensamiento.
No quiero atenuar los deseos.
Deseos de sentir tu cuerpo en calor,
para mi cuerpo sediento.
Que me duerman tus besos,
relajado por efecto,
y se suelte mi alma para unirse a la tuya
Que ellas busquen los sueños,
en el placer mutuo de querernos.
Luego si, dormir, dormir,
al quedar todo en silencio.

AMARSE

De original creación
Emoción y susceptibilidad
Condición gregaria del ser
que busca transcender.

Fuente inagotable
Esencia que transita los surcos:
de la tierra, del cielo y el mar.
Impregnada en lo que vive
Con sus géneros y especies.

Allende de lo desconocido
Allí estará su fuerza y su sentido.
Unido a la inteligencia
de la humana convivencia.
llevadera y duradera.

Se construyen historias
-matices para la diversidad-
para las formas, para los tiempos
Designios para el momento.

Contrariedad a la maldad
y la adversidad
Factor de unión
De sana reproducción
"Los unos a los otros"
Desde el amor propio

DESPERTAR A LOS DÍAS

Otro despertar...
Ver la luz de un nuevo día
Día para vivirlo o simplemente vivir
que no es lo mismo.

Porque para vivir viviendo
se ha de estar en este mundo
conjugando los verbos
en gerundio.

Y así será...
En el ciclo de los días
y por los siglos de los siglos
Sin que el ciclo de la vida
tenga los días específicos.

Y sentimos pasar los días
Algunos acelerados
Otros de paso lento
Aunque todos son iguales
en la medición del tiempo.

QUERIDA AMIGA

En este día en que cumples año,
amiga querida,
te recuerdo bonito.

En la palabra compartida
En esos momentos que el instante ofrece
y así como llegan,
desaparecen.

Al celebrar la vida
en el ciclo de los días,
te felicito

.

Tal vez no pueda verte,
para decírtelo
Pero, alguien te contará
que por aquí escribí,
que te recuerdo bonito.

ABUELO SOMOS

A los nietos se les quiere diferente
en comparación con los hijos
Por razones obvias
estamos para consentirlos.

Ya colmados de experiencia
en esas lides
y acumulando la nobleza
que la edad nos pide.

También somos sus padres por herencia,
amigos y confidentes
nos hacen "alcahuetes"
de travesuras inocentes.

DESENCANTO

Camino del desencanto
con desvíos y sin retorno
Señales que son engaño
decoradas como adornos.

Debo buscar la salida
cruzando el laberinto
Buscar algún resquicio
que divise alternativas.

Estoicismo y resiliencia
para el viaje hacia el destino
Esculco lo mundano y lo divino
Cargo la oración y maledicencia.

En la entrada dejo la inocencia
En el camino suelto la ingenuidad
Todo el trayecto removerá
valores en la conciencia.

Salgo para escapar
de entre sapos y culebras
y de toda la mala influencia
que me quiera atrapar.

DÉJATE LLEVAR

Déjate llevar por mi
sin perder tu voluntad.
Yo sólo amor te daré
porque estoy lleno de amor por tí.

Te sabré cuidar
Mis manos te darán sólo caricias
y con ellas te descubriré.
Te tocaré como lo hace la brisa
y al besarte, tu piel recorreré.

Déjate llevar por mí
para encaminarte a lo que una vez soñé
Allí, a ti me rendiré,
tus riendas soltaré
y seré yo quien se deje llevar por ti

YO EXISTO

No me busques en el recuerdo
Ni en los sueños
Ni en la esperanza
Ni en el silencio.
Ni en la promesa
Búscame, que yo existo.

No me busques en el tiempo pasado
Ni en tus planes futuros
Búscame en el alba o el ocaso del día
Cuando despierto
Cuando duermo
Búscame ahora que existo.

Existo para sentirte,
para tenerte,
para quererte,
en éste mundo de hoy
Donde aún existo.

INVISIBLE HERIDA

No quieras tú
bamboleante desespero
horadar sobre mi ceño
y drenar mis condolencias
por el cauce del agujero.
Para vaciar de mis adentros
ignotos desalientos.
Esos que han estado
apresados en el tiempo,
atados en remordimientos
por impíos sacramentos.
Que salga el excremento
en soplo fuerte del tormento
y se limpie toda herida
de la piel por sufrimiento
para obtener la cicatriz
poco visible
en su marcada herida
de lo viejo.

PORTENTOS

Sólo deseosos portentos quedan
en una esperanza lejana
para una corta existencia.
De poder estar en otro cuerpo y alcanzarle
o simplemente,
devolver el tiempo y ubicarme.
Para no mirarla de lejos
en la perspectiva de un camino
inalcanzable.
Compartir su momento
sin sentir que se nace de nuevo
en el deseo.
Como el ciclo del agua
que pareciera agotarse en su fuente
y sólo cambia su forma de volver.

ILUSIONES

"No se debe vivir de ilusiones",
sabiduría popular
Porque, el que asegura lo posible
arriesga su frustración.
Voces en el cantar,
pero, quién, sin ilusiones vive,
no conoce la esperanza
ni la esencia del amor.

Sin ellas, los sueños navegan en el vacío
de un precipicio sin fin.
No hay reflejos en el cielo
de un crepúsculo que, a la vista,
muestra caminos de paz
que podríamos seguir.

Es como edificar sin estructura
y ver caer diseños idealizados,
en cada comienzo.
No se conoce el color
y ni tan siquiera en claroscuro,
se hará figura en el lienzo

AMOR DE POETA

El amor de un poeta
tiene mucho de nostalgia y melancolía.
Es un amor negado a su pretensión.
Es místico, silencioso e insondable.
Defendido con hidalguía
Es romántico y bohemio
Con límite cuando tiende al infinito.
Busca la musa escondida.
Naufraga en aguas turbulentas
hasta alcanzar la orilla.
Preso en su propio remanso,
contempla las burbujas de ilusiones
en profuso sentimiento.
Efímero en el límite finito,
pero constante al pasar del tiempo.
Su primer amor se niega a ser suyo,
pero lo alcanza en algún cruce de caminos,
sin lograr permanecer.
Trasciende espiritualmente lo material,
en el sentido de la filosofía del ser.
Es ave turpial en los nidos
y roba sueños en lejanía.
Su universo es imaginado
al contemplar fenómenos desde el corazón.
Su amor, rompe la utopía.

QUIMERAS

Se van mis sueños
Los que siempre estuvieron
y ahora se van
No estaban obligados a quedarse
No estaban encerrados
Solo guardados en mis quimeras
Quimeras de juventud
Fueron adultas
Y vetustas
Y siguieron
Viajaron y volvieron
Y ahora se fueron.
Les pedí que no volvieran
Me quedo con sus recuerdos
Con mis brazos abiertos:
Por la despedida
Por la esperanza
En la plegaria
En la espera
Y en el ruego,
para que nunca mueran.

SIENTE EL POETA

¡Qué pena la del poeta!
Exacerba sus sentimientos.
Es irresistible a la belleza
y envuelto en melancolía y tristeza,
escribe sus lamentos.
Lo enamora una flor,
contemplativo a los abrojos,
y sensible a lo espinoso del desamor.
Tímido a la oralidad,
escribe la palabra y,
al pintarla, cae en la ampulosidad,
de una expresión abstracta.
Afligido ante la pérdida de una ilusión,
llora con facilidad
y busca de nuevo en la esperanza,
aquello que no alcanzó.

CAMBIO DE PLANO

Enigmas indescifrables
tiene la vida
De los cuales conocemos parte.
Algunos muy poco
y hasta casi nada.
Otros- que vivieron bastante- no más allá.
Quedan para la descendencia
y se revelan en sueños nuestros
lo no conocido de ellos
traídos a nuestro tiempo.
Porque las etapas de la vida
luego son tiempos muertos.
No se vivirán más
hasta el último momento.

SIN AMOR

El amor es la esencia,
es belleza.
Es filosófico, poético, artístico,
es biológico.
Es mirada, es aliento, es piel,
es melodía.
Es soñar, es magia, fantasía,
es naturaleza.
Es actitud, energía, fuerza,
es vida.
Es atracción, reproducción, placer,
es angustia.
Por eso y muchas cosas más,
no es posible la vida,
sin amor.

ABRIL

Cuantos abriles he visto pasar
Particulares transiciones
donde vuelven del reposo
ciclos de muchos seres;
acompañados de cielos opacos
y aires de tierras calientes.

Un primer cuarto de año
donde ocurren renovaciones
Grácil comportamiento
Espiritualidad y precipitaciones.

Cantos de chicharras
para despertar emociones
Antesala a la profusa beldad
en la estación de las flores
Desde el cielo un lagrimear
cual caida de bendiciones.

CASITA DE BARRO

Aquí te contemplo,
casita de barro.
Tan llena de valores y principios.
Ajena a los desafiantes prejuicios,
en la añoranza de mi pasado.
Pequeña y albergadora.
Esencia de la humildad
y de humano calor.
Fundamento de un gran vigor,
con tu patio de verde alfombra.
Relajante el crepitar de la lluvia en el techo.
 Las aves comparten sin temor.
Triste la noche en su fulgor,
 acompaña al sopor lo ascético.
Ahora te observo en un cuadro,
como parte de un paisaje iluso.
Disposición del demiurgo,
para revivirte, mi casita de barro.   .

TEMER O NO TEMER

Se comienzan a ver las etapas de la vida
en las señales del cuerpo.
Inexorable el pasar del tiempo.
Desde que inicia el conteo,
sigue y sigue corriendo;
sin percatarnos que la cuenta suma,
suma y mientras más suma, es cuando resta.
El vivir es de momentos,
que en instantes de tiempo se pasarán.
Hasta que él último de ellos,
con la vida se irá.
No debe sorprender,
el medidor es la edad y,
aunque sorpresa nos da,
acercarse a un promedio
- la estadística dirá-
las señales mayores,
se harán notar.
Y así la ley de la vida logra demostrar:
"Si no mueres de joven,
al llegar a viejo no podrás escapar"

MADRE PATRIA

No es ni será Venecia
Mucho menos pequeña.
Paraíso terrenal,
dijeron los colonos y sus nativos lo sabían.
Génesis de la eternidad
Bendita por sus bellos contornos.
"La tierra de gracia"
Irresistible a la ultranza.
Codiciada y muy deseada
luce imponente ante el mar antillano.
De autóctona flora y fauna
es heredera de la cordillera andina.
Del manantial de la Amazonía
nos llega el agua dulce de montaña
y su suelo fértil baña.
En éste suelo he nacido
 y mi semilla plantado.
Es la patria mía que siempre defenderé.
Mi Venezuela encantada
Mi cuna y última morada

ISABELA MARÍA

Eres y quieres ser princesa
Eres y quieres ser artista
Aún juegas con muñecas.

Así forjas desde niña
los caminos de la vida
Ya llevas siete abriles
Una etapa ya cumplida.

Cada siete años
se notará la diferencia
Mientras dientes vas mudando
llegará la adolescencia.

A Dios pido te bendiga
y te guíe por siempre
y acaso pueda ver,
a esa niña inteligente,
de lo más sobresaliente.

Por lo pronto, aquí estamos
Para seguirte apoyando
- en el logro de tus metas-
Y mientras el tiempo llega
te cantamos cumpleaños.

AMISTAD Y AMOR

Me dices que somos amigos
en el inquirir de un compartido sosiego
y eso, para mí, es un privilegio.
Compartir de vivencias y criterios,
que afloran sentimientos.

Yo, en cambio, te observo
en la antesala del amor.
Por la necesidad de encontrarte y esperarte
Repetir esos instantes,
que ya son nuestros
y por la costumbre de escuchar tu voz.

Así quiero entenderlo
desde el primer encuentro
Aquél lugar casual
donde nos buscamos
sin pensarlo
y nació ésta amistad.

Cómo el umbral que lleva a los confines
del cielo y el mar
y te pierdes
en toda su inmensidad.

ANGUSTIA DE UNA ESPERA

Veo y siento pasar la mañana
que se pierde en un rápido tiempo.

Llega la tarde esperada
cual impronta de un regreso.

Porque la noche se acerca
apagando al sol

Para mostrarme
titilar de las estrellas.

Bajo el amparo de un silencio oscuro
la sueño.

El sol de nuevo
me mostrará
la claridad de la alborada.

Una nueva mañana
tiempo que transcurre,
mientras yo,
espero por ella.

TRINA
(Homenaje a Aquiles Nazoa)

Quién en su credo de las cosas sencillas
-ni siquiera Picasso el todo poderoso-
Podía creer que un día de esperado alborozo
todo está en calma, la noche se ilumina.

Recordar al artista pedagogo
que exalta los poderes creadores del pueblo
Innato acervo que llevó hasta el cielo
en luna de marfil y oro

Inspirado en la naturaleza, creó su repertorio
Didáctica infalible de amor y humor
Para contracultura del hegemón
las ranas y grillos forman coro.

Para hacer menos penosa la vida
de la mujer y el hombre los inventos
En donde yacen los poetas muertos
el aire huele a tierra de pimpina.

PENSÁNDOLO BIEN

Vuelvo por mis senderos
transitando la esperanza
Sigo siendo el andariego
sumido en la nostalgia.

Mis zapatos rotos andan
y sus suelas me resbalan
Para un caminar de farra
yo creo ya no aguantan.

Metido en camisas de once varas
no puedo con la salud mental
Esta vida con nada se compara
todo es para bien y todo para mal.

Así son las cosas camarada
hay mucho aún con que lidiar
Siempre pensando en la camada
para resistir el temporal.

Ahora todo es cuesta arriba
tan difícil de alcanzar
Igual se muere uno en la orilla
después de tanto nadar.

PENSAR ENCONTRARTE

Me gusta pensar que voy a encontrarte
No sé en qué lugar o circunstancia.
No sé si hoy, mañana, en años,
o tal vez en otra vida.
En forma de persona, agua, piedra,
flor, tierra, lluvia o cielo.
Sólo pensar que voy a encontrarte de algún modo,
en algún tiempo en que nuestros destinos coincidan.
Pienso en eso y me gusta pensar
que voy a encontrarte.

A MI MADRE

Madre, ahora soy yo
quién a cada momento te dice:
Dios te bendiga.
Después de andar tu transitar
recorriendo la vida
y llegar hasta tu esperanza
al hacerte en familia.
Quiero premiarte con alegrías.
Alegrías que he ido forjando
para entregarte cada día.
Cada día que me viste crecer
y lo que hice creciendo;
aunque sin proponérmelo,
te causara sufrimientos.
Orgulloso de ti y de tu ejemplo.
Tú, que no abandonas
ni en difícil momento.
A Dios mi agradecimiento,
estoy aquí, con mi propia historia.
No sabemos, madre,
quién de los dos se irá primero;
cómo sea, celebramos...
Por ti, en el sagrado deber cumplido.
Por mí, en el perdón de los pecados.

MI CREDO

Creo en la energía del universo
que da existencia a las cosas
En la naturaleza armoniosa
en lo cóncavo y convexo.

Creo en la causa y efecto,
en la acción y la reacción
para el movimiento.
En la fuerza de atracción
oculta en el silencio.

Creo en lo que somos
efecto de evolución
formados en el tiempo.

Creo en la intuición
como mensaje divino
En el hecho sucedido
que se ha de interpretar
en la creencia de Dios.

Creo en el sexto sentido
que supone el corazón
para lograr el equilibrio
entre razón y emoción.

Creo en la vida
y su reproducción
En el morir y nacer
cual resucitación.

TODO CAMBIA

Nuestra historia,
que dijimos sería para siempre
terminó antes.
Es la negación del merecer
Cuando huimos sin importar
que lo distante va de la par
a lo inalcanzable.
Entonces, desprendes apegos,
las marcas se hacen borrables
y en el horizonte tan lejano
se pierde la vista
El sentido de la vida te cambia
y es cuando
te pierdes en las sombras
Piensas en el regreso
que tampoco te espera
Y pedimos a la vida:
llévame hasta donde aún
no muera.

ALCANCÍA DE ILUSIONES

Nunca sabrás lo que he reunido para ti
en mi alcancía de ilusiones.
Alcancía personalizada con forma de corazón abierto,
donde cada momento compartido un valor alcanzó.
Para un momento esperado de contar entre dos
y ofrecértela entera como una ofrenda de amor.
Pero no llegaste a saber mi verdadera intención
al guardar ilusiones para un tiempo mejor.
Tiempo que vimos llegar entre lunas y sol
y lo dejamos pasar como pasó la ocasión.
Ya no hay más para guardar, además se llenó
y en un soplo del viento el corazón se cerró.

A MI PADRE

Solo bastó alcanzarte en el tiempo
para entender tu divino significado
La vida es crecimiento y descenso
y hoy soy presente de tu pasado.

Es mi cuerpo tu cuerpo
y de esta forma te he honrado.
Sembrar el huerto, sortear entuertos
también a mi me ha tocado.

Ahora vivo esos momentos
cuando de tus hijos buscabas
comprensión y entendimiento
para tus lidias y andadas.

También me lleno de orgullo,
viéndote en mi retratado
Porque tu legado es mi legado
y porque soy hijo tuyo.

PADRE

Padre, ¿dónde estás?
Quiero saber de tu vida y de tu ausencia.
Porque ahora que me comparo
siento en mi tu presencia.
Cuéntame del tiempo previo,
el de antes que yo naciera
Yo te contaré como ha sido,
el mío siendo padre
En ese camino que forjaste
para ver a tus hijos formados
y con tus nietos, el legado ha continuado.
Cómo enfrentabas tanta carencia
para sostener una familia
llevándola a puerto seguro
para garantizar la existencia.
Padre, cuéntame
¿Cómo te encuentras?
Dímelo en los sueños
y entenderé que no hay regreso,
aunque tu imagen aparezca.
Hoy, hago honor a tu apellido
y orgulloso me haces sentir.
Desde que dejé aquel nido
pongo en alto tu nombre.
Por ti estoy aquí
Llevo en mis virtudes tu herencia,
que ahora me sirve a mí.
Y por lo malo que pude haber hecho,
te pido me perdones.

POR AQUELLO QUE QUISIMOS

Siento que la vida se nos va
tras el tiempo vivencial
del que ahora nos queda menos.
Recogemos ahora los recuerdos,
para hacer de ellos
los surcos sementeros
para los abonados fluidos del sendero,
por donde irán los últimos sueños por cumplir.
Sueños diferentes
en la forma nueva de la experiencia del vivir
para concebir la vida,
para valorar el tiempo
y dar de nuestro cuerpo
aquello que nos queda.
Para las generaciones venideras
Para la satisfacción nuestra.
En eso de cumplir el plan del último tiempo.
Plan que se está desvaneciendo
en los aciagos momentos
que lo están impidiendo.
Es el tiempo muerto
para el adviento del corto tiempo
donde se irán los sueños.

CÓMO FUE

No me preguntes
en qué momento ni cómo fue
que de esta manera,
te llegué a querer.

Llegó a suceder
cuando escapadas de los sueños
nuestras almas se vieron
en medio de un tropel.

Solo sé que sin buscarte
como en espera inesperada,
allí donde tú estabas
llegué para encontrarte.

Como cuánticas partículas
que anidan nuestros cuerpos
Viajaron al firmamento
y ubicaron nuestras vidas.

Llegó, entonces, la unión
enlazada por el tiempo
de sublimes sentimientos
donde prevalece el amor.

SIMÓN BOLÍVAR

Lo trajeron los ángeles
con engendro natural
Su pesebre cuna de oro
sin perder divinidad.

Nada de lo humano le fue ajeno
para su carácter formar
Ciclo de vida corta
parecía predestinar
Heroicas epopeyas
que hoy cuesta imaginar.

Grandioso ser humano
Hombre excepcional
Se metió en la historia
Hizo historia real
de los héroes de la tierra
para la tierra salvar.
Por la causa más justa
la vida parecía apurar.
Se había ido mucho tiempo
del tiempo de libertad.

Por eso no juró en vano
Su convicción pudo mucho más
Al morir pudo nacer
y su legado continuar.

ENTRE EMOCIONES

Emociones conflictivas se reflejan,
en la mínima convivencia.
Lucha constante por el equilibrio que aquieta,
sorteando actitudes buenas.

Buscar entre caminos y veredas,
el escape donde la mente se libera,
ante el temor a la costumbre que encierra,
presto a la acción perversa.

Caminos a la soledad
y ermitaña consecuencia,
donde pudiera reinar la paz
o un letargo de impaciencia.
Sincrético filosofar
en tendencias contrapuestas
que van mermando las fuerzas.

ENCUENTRO SIDERAL

Un encuentro de despedida,
en el amanecer y atardecer
sucede con la luna y el sol.

Nos queda el rastro que dejan,
en el balance de la vida,
en el alba y el ocaso del día,
relevo y renovación.

El ciclo se repetirá
y a cada uno acompañará,
siempre y cuando:
La luz volvamos a mirar
Sintamos el corazón palpitar
Podamos el aire respirar,
y entonces, nos toca,
agradecer a Dios.

TUS LABIOS

Hay un gusto,
en el umbral de tu dispensador,
que no he podido desconocer.
Aunque me das un gusto visual en tu cuerpo
y auditivo en tu voz,
el de tus labios no lo puedo perder.
Un sabor que se siente
en lo táctil y perceptible de tu ser.
En la sensibilidad de tu boca
que supo responder a tantas cosas.
Donde se transfirieran
los datos de nuestras vidas,
archivados, cuál dossier,
en la memoria divina.
No he sentido nada igual,
en tan igual y variada estructura.
Tal vez allí guardes
el secreto de mi pasión viva,
aferrada a tu censura.

SIN ATADURAS

Deja que mis esperanzas se pierdan
ante la infructuosa espera.
Déjame sin ataduras
para recoger muestras
de la significancia de tu aventura.
Quiero entender
la probabilidad ocurrida
entre formas de ver la vida.
¿Por qué dejan heridas las despedidas?
Déjame pensar
que hubiera sido
del empeño de forzar el logro.
De colocar diques
para desviar el rio.
Déjame creer
en lo incompatible de la misión traída
y la visión no compartida
de lo que pueda ser.
El más allá y el más acá
La realidad y el sueño
no quieren encontrarse
Mientras solos dejamos
los habituales aposentos.

EL MISTERIO AZUL

Hay misterios en el azul profundo.
El mar, el cielo y "las zonas azules" terrestres.
El azul marino y el azul celeste.
Los significados del azul
en el enigmático mundo.
En la llamada "tierra firme"
és compleja y exótica
la naturaleza viva,
única, hasta ahora, en demografía.
Sin embargo,
la inmensidad del azul
es mucho más grande
que donde el hombre habita.
Se pierde, en lo imaginado, la vista;
pero, en los ecosistemas,
se unen las energías y los significados
del azul del mar, del cielo y de la tierra.

LLEGA LA HORA

Cuándo se despide a un familiar o conocido
Porque su momento está en el libro,
analícenos su Karma
Si el promedio de vida se alcanza,
cualquier cosa por la que muera
es ganancia.
De igual modo, el morir busca una causa
Y para algunos o para otros
es buena o es mala,
dependiendo las circunstancias.
Simplemente es la hora,
la hora esperada.

FALTA EL POETA

Cuándo se pierde la vida de un poeta
se pierde la vida de muchas cosas.
Se pierde la energía secreta
de las pasiones discretas.
Se marchitan en el jardín las rosas.
Cuándo se pierde la vida de un poeta
es afectada la belleza,
aunque, el poeta,
se multiplique en su esencia.
La metáfora se enluta y no se encuentra.
Es como si se enfrentaran
la luna y el sol en un eclipse.
Es un golpe al sentimiento sublime.
Es como si desaparecieran
los sueños anhelantes.
Se vuelve la cultura errante
Se confunden los verbos en la oratoria.
La musa siente el desamor y vive su dolor.
Cuándo se pierde la vida de un poeta
es menester honrar su memoria.

¿A DÓNDE FUERON?

Si las estrellas guiaron al marinero
y permitieron ubicación al peregrino.
Si el tiempo lo ha marcado el sol
y con él relojes se construyeron...
¿Por qué fuera de tiempo y lugar
quedaron los sueños míos?
Si todo llego a suceder
-en prueba de la verdad-
día y hora para estar, y
lograr lo que he querido.
Es más, si aún existo,
y sin estar para el regreso,
ni el tiempo ni el lugar,
donde se dieron mis caprichos,
puedo ahora conseguirlos,
si las estrellas y el sol aún están.

ELLA, LA SOLEDAD

¡Qué soledad tan intrépida!
Hasta lleno de gente por doquiera.
En momentos estresantes
En momentos aprovechables
Otros desperdiciados.

No alcanzo a entenderla
A veces me hace tan feliz, otras desdichado,
la soledad.

Cuantas veces la he deseado
para entenderme con ella,
entonces, me resulta un poema.
Siento que me necesita
porque me busca
y de alguna manera me encuentra,
ella, la soledad

Cuando la busco, encuentro alivio
y hasta me logro encontrar.
Al fin y al cabo,
de cualquier manera, estará en mí,
ella, la soledad.

LO HAREMOS

Camina conmigo
Vamos a guiarnos
Apoyémonos
Seamos complemento
Dame tu mano y toma la mía
Lo requiere el momento
Lo exige el tiempo
En compañía
Para la vida
Ya queda menos
Ha sido larga la espera
Y no hay regreso.

LIMERENCIA

Viene algo a su presencia
que inquieta a la más apacible ocurrencia.
Se aceleran las funciones internas
y el delate de un rostro
para no darse cuenta.

Despiertan tormentas impredecibles,
de epicentro cerebral
para luchar con ellas
hasta lograrlas calmar.

Un estado de ánimo para sentirse mejor
y cuando ocurre el abrazo
se intercambian latidos
cuál si hablamos los dos.

Soltamos y aguarda el suspiro
viajero de imaginación
Pareciera obsesión, y no, no lo es.
La obsesión es capricho enfermizo
distinto a la sublime emoción.

Es como sentir el renacer a la vida
en cada despertar,
donde todo ha de corresponder
a lo que toca esperar.

EN LA ESPERA

Juegan en tu patio mis ilusiones
Mientras en la distancia persigo al tiempo
Llegan los recuerdos irredentos
traídos por las canciones.

Me pierdo en el sonido
tejiendo redes al desenfreno
Me detengo para ir despacio,
y entonces,
me siento atropellado.

Por los que siempre buscan adelantarse
y llegar de primero.

Me asustan los espantos
a la espera de mi llegada
Nunca será tan tarde
a pesar de la impuntualidad.

Yo solo quiero llegar,
permíteme alcanzarte.

PETICIÓN

No me pidas rendición
porque, de mi inercia, seria esclavo.
No me pidas la otra mejilla
porque terminaría muy golpeado.
No me pidas que tenga fe
porque, de algún modo, la fe está perdida.
No me pidas doctrina
porque, en la práctica, se desvían las teorías.
No me pidas pensar en grande
porque mi estatura ya está reducida.

ALBA Y OCASO

En eso del alba y el ocaso
transcurren las cosas más maravillosas.
El hecho está en que todo comienza y todo termina
para lo que tiene vida.
Y que cosa tan engañosa,
parece que todo la tuviera.

Se abre de espectacular manera
y se cierra de igual forma.
Nuestros ojos suelen apagar
ante la falta de luz cuando nos arropa.
Luz y oscuridad podemos ser y somos.
Elección suprema, por una parte
- de uno a otro tramo-
lo decide el cosmos.

y por la otra,
elección nuestra al despertar,
dando el primer paso:
si nacemos con el alba
o morimos con el ocaso.

REFLEXIONES EN MOMENTOS QUE INSPIRAN

ENTRE CANTOS DE AMANECERES Y MIS AMORÍOS

REFLEXIONES EN EL AMOR Y EL DESAMOR

QUIMERAS